Peter Stemmann · Manfred Wenzel

TRAININGS-
METHODEN

STRENG VERTRAULICH

Mein erstes Werk
für die Hannes'e
zum Lesen, lachen, denken.

Euer M.W.

im September 92

Peter Stemmann · Manfred Wenzel

TRAININGS-METHODEN

STRENG VERTRAULICH

Ein Überblick für Führungskräfte

mvg verlag

Die Deutsche Bibliothek – CIP-Einheitsaufnahme

Stemmann, Peter:
Trainingsmethoden streng vertraulich : Ein Überblick für Führungskräfte /
Peter Stemmann ; Manfred Wenzel.
– München ; Landsberg am Lech : mvg-Verl., 1992
    ISBN 3-478-07810-5
NE: Wenzel, Manfred:

Die Abbildung von Seite 87 ist gegen eine Schutzgebühr von DM 10,–
im Format 84 × 60 cm beim Verlag erhältlich.

Nibelungenstraße 84   8000 München 19

© mvg-verlag im verlag moderne industrie, München/Landsberg am Lech
Umschlaggestaltung: Manfred Wenzel/Gruber & König, Augsburg
Satz: Fotosatz H. Buck, Kumhausen
Druck- und Bindearbeiten: Presse-Druck Augsburg
Printed in Germany 070 810/692402
ISBN 3-478-07810-5

Inhalt

Vorwort

Führungskräfte

- vermitteln den Sinn der Arbeit
- vereinbaren erstrebenswerte Ziele
- geben positives Feedback
- erteilen gute Informationen
- sorgen für individuelle Anerkennung
- bieten förderliche Unterstützung
- forcieren die persönliche Entwicklung

Wenn einer dieser Aspekte nicht ausreichend vorhanden ist, sprechen wir von einem Defizit im Führungsstil. Defizite äußern sich in Symptomen. In diesem Buch geht es darum, zu helfen, die Sprache der Symptome für Mißmanagement zu verstehen.

Ein Arzt studiert Medizin, ein Architekt studiert Bautechnik, eine Führungskraft studiert . . .? – Ja, was eigentlich, das ihn oder sie dazu befähigt, Menschen zu führen?

Niemand wird als Arzt, Architekt oder Führungskraft geboren. Zugegeben, es gibt Talent und Neigung im Umgang mit Menschen – aber ausgewogene Führungsfähigkeiten sind immer auch Schulungssache. Chefs trainieren ihre Führungsfähigkeiten in Seminaren, im Coaching und „on the job".

Diesem Weg zur Führungskraft sind die Betrachtungen und Gedanken dieses Buches gewidmet – bisweilen etwas satirisch, aber immer aufrichtig.

Nun wünschen wir Ihnen viel Spaß, auch wenn Sie bei der Lektüre einmal über den Mitarbeiter lachen sollten, der Ihnen am nächsten steht – **sich selbst.**

Peter Stemmann/Manfred Wenzel

Das Peter-Prinzip

Ende der 60er Jahre formulierten Peter & Hull in New York in einer köstlichen Analyse, warum in unserer Welt immer so vieles schiefgeht:

Da stürzen gerade eingeweihte Brücken mit lautem Getöse zusammen, da erweisen sich eben erbaute Hochhäuser als unbewohnbar, Tunnel sind schmaler als die Bahn, die hindurchfahren soll, Geistliche straucheln im unmoralischen Lebenswandel, Führungskräfte ruinieren ihre Unternehmen, Fachleute erteilen völlig falsche Auskünfte, Produkte überdauern nicht einmal eine einzige Anwendung.

Professor Laurence J. Peter wurde von dem Fernsehproduzenten Raymond Hull dazu angeregt, seine vielen Artikel in Fachzeitschriften als das „Peter-Prinzip" zu veröffentlichen.

Können Sie sich vorstellen, was mit folgenden Begriffen gemeint sein könnte?

„Berufsautomat" oder: „Papieromanie" oder: „Unfähigkeitstrieb" oder: „Aufstieg zur Inkompetenz".

Ja? Gut beobachtet!

Ein Verkäufer, besonders geachtet wegen seiner ausgewiesenen Stärke in *Kompetenz*, wird befördert in die Verkaufsleiterposition. Dort erreicht er die Stufe seiner *Inkompetenz*! Schade, er war immer ein erfolgreicher Verkäufer – jetzt stelzt er unfähig durch den neuen Job.

Ein Chef, besonders geachtet wegen seiner analytischen Fähigkeiten, macht die „seitliche Arabeske", das heißt, er wird beauftragt „die Geschichte des Unternehmens" zu schreiben. Glücklicherweise, so richtet er keinen Schaden mehr an. Er geht jetzt tatsächlich etwas „höher", als PR-Direktor, durchs Leben.

Ein junger Abteilungsleiter, der im Marketingbereich ein routiniertes Team übernimmt, bringt dieses Team innerhalb eines Jahres auf einen überdurchschnittlichen Leistungs- und Motivationskurs. Geschafft hat er das mit persönlichem Engagement, Teamgeist und Liebe zu seinem Beruf.

Er hat hier die Stufe seiner *Superkompetenz* erreicht und – wird versetzt! Er stört den Ablauf der Unternehmensstruktur, weil er nicht nach Vorgabe und Routine gearbeitet hat, wie das alle anderen Abteilungen tun. Was hat diese junge Führungskraft jetzt gelernt? Leider eine ganze Menge! Und so stelzt er vielleicht während der nächsten Führungsposition lautlos durch die Firma.

Wer auf Stelzen geht, geht höher, gewinnt mehr Raum pro Schritt und wird von allen „unter" ihm bemerkt. Merkwürdig — wenn die Stelzen eines Tages höher sind als die eigenen Beine lang, dann haben wir die Höhe der *Inkompetenz* erreicht.

Bewegungsstörungen, Schwindel und Ängste sind typische Symptome für die darauf folgende Pathologie des Erfolges.

Aber — sind sie nicht alle irgendwie liebenswert? Wer kommt schon darauf, daß von ihm selbst die Rede sein könnte?

Vielleicht Sie? Aber damit sind Sie wieder einmal die Ausnahme!

„. . .“

Die Pathologie des Erfolges

Erkennt das Individuum seine Grenzen?

Die Antwort darauf ist sicher subjektiv, durch eigene Erfahrungen geprägt und entspricht nicht der wissenschaftlichen Strenge, mit der andere an den Themen dieses Buches arbeiten.

„Ist ja nur für die ersten sechs Monate auf dem neuen Posten."

Es hat sich gezeigt, daß eine Neigung in uns ist, andere für unsere Schwierigkeiten verantwortlich zu machen. Niemand erkennt so leicht seine Beförderung als die Ursache des plötzlichen beruflichen Versagens.

Vom Man-ager zum Vers-ager, sozusagen.

Überleben heißt die Losung, und damit gibt es viel zu tun!

Der Rambo-Effekt

„Mein Mann hat jetzt Prokura – hätten Sie auch eins mit Rambo drauf?"

„In dieser Angelegenheit benötigen wir nun aber dringend
Ihre Entscheidung, Herr Drückeberger."

Mensch bleiben

„Schon gut, schon gut, Rödelmeier – auch ich bin nur ein Mensch."

Führungs-Grundsätze haben

„Und seit wann glauben Sie, sich vor Ihren Mitarbeitern schützen zu müssen?"

Warum sich Führungskräfte
nicht weiterentwickeln

Das Problem als Ganzes

Ein neuer Mann stößt zum Team. Seine Haltung ist vielversprechend. Auch die Frau als Führungskraft könnte so beginnen.

Die neue Aufgabe stellt eine Herausforderung dar. Er analysiert die Stellung der Firma, bringt Probleme ans Licht, sucht nach neuen Lösungen − ist ein Kämpfer, ein Arbeiter und ein Träumer.

Dann geschieht etwas, sein Tempo verlangsamt sich. Er büßt etwas von seinem Glanz ein.

Er umgeht Schwierigkeiten, Spannungen und Kontroversen. Er tritt für den Status quo ein − ist gegen Wandel und Erneuerung.

Stagnation bei Führungskräften – Porträts

Er macht alles selbst. Es fehlt ihm an Teamgeist. Er sieht nicht, daß seine Mitarbeiter fä-
hig, intelligent und erfahren sind. Er ist immer
in Aktion – aber er ist keine Führungskraft.

Ihm platzt schon mal der Kragen. Er hat Wut-
anfälle. Er ist mit sich selbst unzufrieden und
deshalb nicht effektiv. Beherrschung bedeutet
für ihn Schwerarbeit. Er ist engagiert – aber
er ist keine Führungskraft.

Er ist fett und faul. Er hat es „geschafft".
Er hat volles Zutrauen in seine Firma und
in deren Bereitschaft, ihn für den Rest
seines Lebens zu erhalten. Er ist sehr
nett – aber er ist keine Führungskraft.

Er hat kein Verständnis für andere. Er hört seinen Mitarbeitern nicht zu. Gute Ratschläge gibt er spontan und gerne. Er hat Stil – aber er ist keine Führungskraft.

Er hat keine Phantasie. Er denkt nicht kreativ. Er ist routiniert im Geschäft, aber auch privat. Gefühle gehören für ihn nicht zur Kommunikation. Er funktioniert – aber er ist keine Führungskraft.

Er versteht nicht zu organisieren. Er wechselt grundlos von einer Arbeit zur anderen. Er hat sich an Unordnung gewöhnt, das bißchen Zeit reicht, so wie sie ist, niemals! Er ist belastbar – aber er ist keine . . .

Es gibt natürlich **Ausnahmen**. Menschen mit klarem Bewußt-sein für die Symptome der Stagnation. Sie sind unterfordert. Ihre Zeit steht noch bevor. Das sind Führungskräfte!

Schauen Sie regelmäßig in Ihren Spiegel!

Die Dreieinigkeit unseres Gehirns

Großhirn – Zwischenhirn – Stammhirn

Erfolg ist das, was erfolgt, wenn ein Mensch sich selbst folgt. Das bedeutet nichts anderes, als seinen naturellbedingten Anlagen zu folgen.

Der Anthropologe Rolf W. Schirm fand heraus, daß Stimmigkeit in der Person das einzige Merkmal ist, das erfolgreiche Menschen gemeinsam haben.

Erfolgreiche Führungskräfte, Verkäufer oder Trainer geben sich nachhaltig glaubhaft, weil sie nicht in irgendeine fremde Rolle schlüpfen, sondern sich so verhalten, wie sie sind. Wenn das stimmt, liegt natürlich die Frage auf der Hand: „Wie bin ich denn?"

Rolf W. Schirm erkannte, daß das neue Wissen des amerikanischen Hirnforschers Paul D. MacLean vom National Institute of Mental Health einen Schlüssel liefern kann, unserem Sosein auf die Spur zu kommen.

Wir stehen nur so lange vor einem Rätsel, wie wir glauben, daß unser Gehirn als einheitliches Organ für unser Verhalten verantwortlich ist.

In Wirklichkeit besteht unser Gehirn aus drei völlig unterschiedlichen „Biocomputern" – dem Stammhirn, dem Zwischenhirn und dem Großhirn. Alle drei weisen eine unterschiedliche Entwicklung im Alter, in der Zuständigkeit und in der „Programmierung" auf. Zusammen ergeben diese drei Biocomputer unser individuelles Verhalten.

Mit einem praktischen Verfahren, das Schirm unter dem Namen *Struktogramm* in Lizenz anbietet, können Trainingsteilnehmer ihr persönliches Bild der Verteilung der Hirndominanz ermitteln.

Seit 1991 ist eine verfeinerte Fassung unter dem Namen *Biostruktur-Analyse* auf dem Markt.

Führungskräfte ermitteln mit dieser Methode im Training ihre Stärken, ihre Schwächen und ihre Begrenzungen.

Biostruktur-Analysen bieten mittlerweile diverse Trainer oder Institute an. Das Ergebnis einer solchen Analyse zeigt, was man tun und lassen sollte, weil es zu einem paßt. Damit hat der solcherart Analysierte einen praktischen Schlüssel für den persönlichen Erfolg in der Hand.

Die Biostruktur-Analyse

Weil wir Menschen nun mal drei Gehirne haben (Groß-, Zwischen- und Stammhirn), bestimmt auch deren Biostruktur unser Sosein.

In der Biostruktur-Analyse werden den einzelnen Gehirnteilen Farben zugeordnet. (Blau = Großhirndominanz; Rot = Zwischenhirndominanz; Grün = Stammhirndominanz.) Die individuelle Ausprägung der einzelnen Farbanteile symbolisiert die genetische Grundanlage für unser Verhalten.

Bei Großhirndominanz (**Farbsymbol Blau**) huldigen Sie dem Prinzip: lieber hundertprozentig falsch liegen als ungefähr richtig. Wenn es einen Weg gibt, wichtige Entscheidungen zu verzögern, finden Sie ihn!

Geben Sie nur richtige, korrekte Antworten — wenn Sie ein Autofahrer fragt: T'schuldigung, wo bin ich hier?" Sagen Sie es ihm: ,,im Auto!" Sie werden Erfolg haben — weil das alles zu Ihnen paßt!

Bei Zwischenhirndominanz (**Farbsymbol Rot**) erkennen Sie das Machbare. Sie genießen Ansehen durch Überraschungseffekte (Management by fascination). Konzeption und Konfusion sind für Sie identische Begriffe. ,,Decision-making by overdrive'' ist Ihr unbewußtes Motto. Sie sind der optimistische Managertyp, der auch dann, wenn er die Übersicht verloren hat, den Mut zur Entscheidung besitzt. Bei Ihnen gilt: Eine Fehlentscheidung auf Anhieb spart immerhin Zeit! Sie werden Erfolg haben — weil das alles zu Ihnen paßt!

Bei Stammhirndominanz (**Farbsymbol Grün**) können Sie sich auf Ihren ersten Eindruck verlassen. Intuition verleiht Ihnen Durchblick auf der Beziehungsebene. Wenn Sie irgendwo im Unternehmen eine Stimme hören: „Sei gelassen und froh, es könnte schlimmer kommen.'' Dann sind Sie gelassen und froh – und es kommt schlimmer! Wie gesagt, Sie können sich auf Ihr Fingerspitzengefühl verlassen. Sie werden Erfolg haben – weil das alles zu Ihnen paßt!

Neurolinguistisches Programmieren (NLP)

Das Neurolinguistische Programmieren (NLP) ist ein Modell menschlicher Kommunikation und menschlichen Verhaltens.

In den frühen 70er Jahren für die Psychotherapie entwickelt, wurde aus den praktischen Erkenntnissen heraus bald deutlich, daß NLP ohne Mühe auf andere Bereiche der menschlichen Kommunikation ausgeweitet werden konnte. Besonders Geschäftsleben, Führung und Verkauf, aber auch Bereiche des Rechts und der Erziehung konnten davon profitieren.

In der praktischen Anwendung ist genaues Beobachten der wichtigste Ansatz. Das erfordert ein intensives Eingehen auf den Partner durch Hinhören (nicht Zu-hören) und Beobachten. Der andere steht also im Mittelpunkt des Geschehens. Sprache und Körpersprache sind die Komponenten, die besondere Rückschlüsse ermöglichen.

Sprache   = Inhalt   (Was sage ich?)
Körpersprache = Beziehung (Wie sage ich es?)

Das Neurolinguistische Programmieren läßt uns den anderen besser verstehen, z.B.: Wie denkt mein Partner? Aus welchem Gehirnteil holt er die Information? Hat er die Information bereits verarbeitet und erinnert sich — oder hat er sie konstruiert?

Verarbeitung von Informationen

Wir Menschen nehmen unsere Umgebung durch fünf Sinne wahr: Sehen — Hören — Fühlen — Schmecken — Riechen.

Wenn wir uns vorstellen, daß unser Gehirn einem dreispurigen „Tonband" gleicht, dann haben wir einen bildhaften Vergleich zur Informationsverarbeitung im Gehirn. Das, was wir bewußt wahrnehmen und erleben, speichert das Gehirn in

- Bild   (Sehen);
- Ton   (Hören);
- Gefühl (Fühlen, Riechen, Schmecken).

Entsprechend den über diese drei Kommunikationskanäle gespeicherten Informationen teilen wir unsere Gedanken und Gefühle auch der Umwelt mit. Das Gehirn benutzt dazu die entsprechenden Verben und Adjektive, die eine Art Moment-aufnahme des Denkens darstellen.

Beispiel:

Benutzt ein Mensch den Kommunikationskanal „Bild‟, dann wird er Verben wie „sehen‟, „erkennen‟ oder ähnliches be-nutzen, oder beschreibend die Adjektive „hell‟, „dunkel‟ und so weiter.

Entsprechendes gilt für die Kanäle „Ton‟ und „Gefühl‟.

Wir verstehen den Partner dann richtig, wenn wir uns auf dessen Kommunikationskanäle einstellen und die Verben und Adjektive unserer Äußerungen sensibel auf seine abstimmen. Sie sind der Schlüssel zum Sendekanal des Partners.

Aber wir können nicht nur hören, mit welchem der drei Ka-näle der andere spricht, wir können das auch sehen.

Unser Gehirn besteht aus zwei Hälften, die miteinander kom-munizieren. Jede dieser beiden Hemisphären (= Gehirnhälf-ten) ist auf bestimmte Aufgaben spezialisiert. Die rechte Hälfte ist – grob vereinfacht – für die Kreativität zustän-dig, die linke für unsere analytischen Fähigkeiten.

Weil sich der Blick immer aus der Mitte weg bewegt, können wir an der Stellung der Augen feststellen, welche Gehirnhälfte gerade arbeitet. Die Funktion ist umgekehrt, das bedeutet:

Blick nach rechts = linke Hälfte arbeitet;

Blick nach links = rechte Gehirnhälfte arbeitet.

NLP-Trainings zielen darauf ab, Kommunikation mit Hilfe

dieser sensibilisierten Wahrnehmung des anderen zu harmonisieren.

Führungskräfte können intensiv trainieren, sich so auf den anderen einzustellen, daß Problemlösungen aus ihm selbst heraus entstehen.

Training heißt aber auch hier: Per aspera ad astra (,,Auf rauhen Wegen zum Erfolg'')!

Das Erklärungsmodell NLP bedient sich einer eigenen Sprache, mit der Zusammenhänge definiert werden. Eine kleine Kostprobe gefällig?

Das Ergebnis einer erfolgreichen Schulung könnte sein:

Der Chef sorgt durch *Pacing* für einen guten *Rapport* zu seinem Mitarbeiter. Durch nonverbale sowie verbale Sensibilisierung auf das *Repräsentationssystem* des Gesprächspartners übernimmt er in harmonisierender Weise das *Leading* und *ankert* zum Wohle seines Mitarbeiters einen Impuls, um dem anderen zu helfen, seine *Ressourcen* zu klären, Blockaden zu lösen, um damit ein *Reframing* beim Gegenüber auszulösen.

Leicht erkennbar, wir sind Gefangene unseres eigenen *Belief-Systems*, und dieses zu erweitern ist eben Anliegen von NLP.

Neuer Wein in alten Schläuchen? Nein, alter Wein zu edlem Cognac gebraut und in ganz neue Schläuche gefüllt — und diese höchst erfolgreich vermarktet — bis zu neuen Wegen der Kurzzeittherapie — das ist NLP!

Ihre Mitarbeiter gehen gerne neue Wege — gehen Sie voran!

Wenn Sie selbst NLP nutzen wollen, tun Sie den nächsten Schritt: melden Sie sich zu einem NLP-Training an. Erfolg macht Spaß! Wir wünschen Ihnen viel Spaß!

„Aber Fräulein Krause (Name geändert), ich seh'
es doch Ihren Augen an − Sie haben ein Problem."

NLP situativ:

Dieser Herr beachtet das *Repräsentationssystem* seiner Mitarbeiterin, durch sensibles Wahrnehmen der Stellung ihrer Augen. So erkennt er sofort, daß Fräulein Krause in Gedanken ein Bild konstruiert. Deshalb benutzt er das Verb „sehen". (Dazu muß er nur wissen, daß seine Sekretärin Rechtshänderin ist − sonst wäre es umgekehrt.)

„Sie sollen auch mal mit Ihren Unterlagen zum Vorstand kommen."

NLP situativ:

Sich ganz auf den Gesprächspartner einstellen, bedingt natürlich auch, zu erkennen, wenn der andere sich nicht wohl fühlt. Das zeigt der Kollege deutlich durch sein *Problemgesicht*.
Dieser Herr macht ein Problemgesicht, das der Kollege sich recht gut merken kann – das ist nicht immer so deutlich!

„Können Sie mal sehen, wie spät es ist?"
„Meine Uhr zeigt genau 20 Uhr 55, Herr Kollege."

NLP situativ genutzt:

Dieser Herr hat sich sprachlich exakt auf den Kommunikationskanal des anderen eingestellt – also mit ihm *Rapport* aufgenommen. Allerdings sollten wir dabei die eigene Situation nie außer acht lassen.

31

Rapport aufnehmen

„Ja, aber was will unser Geschäftsfreund
mit dieser nonverbalen Geste sagen!"

"Halt! Setzen Sie mal den Schulze hier drauf und die Meier-Funke da drauf."

NLP situativ:

Dieser Chef berücksichtigt gekonnt die Ressourcen, die in seinen Mitarbeitern angelegt sind.

Ressource ist das Rohmaterial, die Schätze, die in einem Menschen verborgen sind.

Talente, Neigungen, Fähigkeiten, Stärken und Begabungen erkennen und nutzen, das ist reinste Führungsfähigkeit.

„Na ja, wer kriecht – der stolpert nicht."

NLP situativ:

Ein Haar in der Suppe, ist viel – ein Haar auf dem Kopf, ist wenig.

Es kommt immer auf die Umgebung (den Rahmen) an. Eine Situation in einen anderen Rahmen hineindenken, das ist *Reframing*. Diese beiden Herren reframen gekonnt.

Pacing

„Kann ich Ihnen vielleicht irgendwie unter Umständen
eventuell irgendwann einmal behilflich sein?"

NLP situativ mißachtet:

Dieser Herr verpaßt gerade die Chance, sich auf die nonverbalen Signale seines Gegenübers einzustellen. Sozusagen ne-
ben ihm her zu fahren, wie der „pacecar" im Autorennen.
Daher wohl der Begriff *Pacing*.

Transaktionsanalyse

Um die Vielfalt menschlicher Verhaltensweisen besser verständlich zu machen, ist es erforderlich, Verhaltensweisen zu betrachten und in eine gewisse Struktur zu bringen. Diese Aufgabe erfüllt die Transaktionsanalyse (TA). Sie untersucht und strukturiert umweltbedingtes Verhalten des Menschen.

Die Leistung des amerikanischen Psychologen *Eric Berne* bestand darin, daß er in den 60er Jahren ein wertfreies Denkmodell entwickelte, mit dessen Hilfe es gut möglich war, drei Dinge zu tun:

1. Befähigung zur Kontrolle und Lenkung des eigenen Verhaltens;
2. Hilfestellung zur richtigen Beurteilung der Verhaltensweisen anderer Menschen und zur besseren Ursachenerkennung;
3. Aufzeigen der Wege, die Störungen im menschlichen Zusammenleben vermindern und gegenseitiges Verständnis fördern.

In den USA wurde die Transaktionsanalyse sehr populär. Aber auch in anderen Ländern setzte sie sich mehr und mehr durch. Heute gehört die Transaktionsanalyse zum Weiterbildungsprogramm namhafter Unternehmen und ist Trainingsmethode erfolgreicher Führungskräfte.

Die Transaktionsanalyse hilft, innerliche Zustände zu erkennen *(Ich-Zustände),* Gesprächsverläufe *(TA-Linien)* zu analysieren und zu berücksichtigen, Lebenseinstellungen *(Script-Analyse)* bewußt zu machen und schädliche *Rituale* und *Spiele* zu entlarven.

Auch Führungskräfte befinden sich in jedem Moment in einem der drei ICH-Zustände: *Eltern-Ich* (EL), *Erwachsenen-Ich,* (ER), *Kind-Ich* (K). Das zu wissen, ermöglicht jedem Manager, Transaktionen bewußt zu beeinflussen.

Lernen Sie Ihr *Kind-Ich* kennen, seine verwundbaren Stellen, seine Ängste, seine Wünsche, und erlauben Sie es sich, auch mal zu spielen.

Entrümpeln Sie Ihr *Eltern-Ich*, seine unverrückbaren Grundsätze, seine Prinzipien, die heute nicht mehr stimmen, seine Gebote und Verbote.

Es geht nicht ums Loswerden, sondern um eine bewußte Überprüfung Ihrer Überzeugungen. Lassen Sie ruhig auch mal fünf gerade sein! Achtung: höchste Anforderung!

Stärken Sie das *Erwachsenen-Ich*, weil gerade das der Bereich ist, in dem wir unsere beruflichen Entscheidungen treffen. Dieser Teil ist lernfähig, unser selbsterdachtes Weltbild, unsere bewußte Einstellung zu dem Transaktionsanalyse-Grundsatz:

Ich bin o.k. – Du bist o.k.!

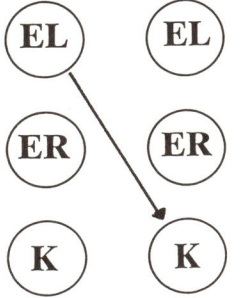

,,Also Chefchen, ab morgen malen wir wieder schöne kleine Unterschriftchen.''

Symbolisch wird eine ,,eingleisige'' Transaktion zwischen zwei Menschen mit einer Linie dargestellt. ,,Sie'' spricht aus ihrem Eltern-Ich und zielt damit auf ,,sein'' Kind-Ich.

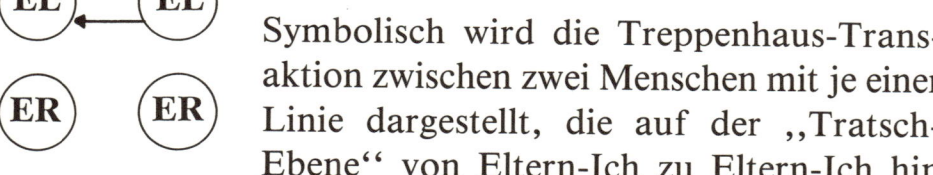

„Mein Mann meditiert neuerdings."
„Na ist doch prima – besser als rumsitzen und nix tun."

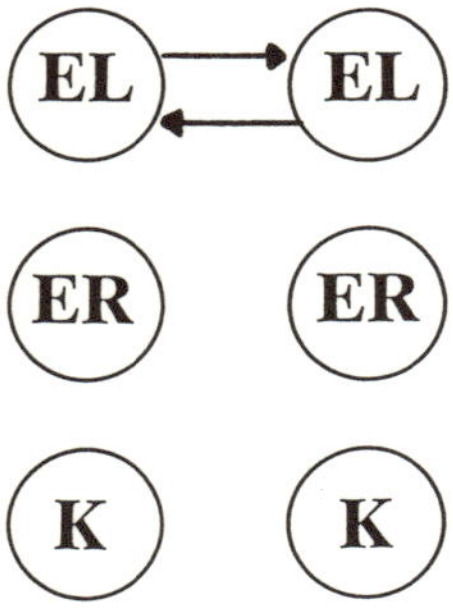

Symbolisch wird die Treppenhaus-Transaktion zwischen zwei Menschen mit je einer Linie dargestellt, die auf der „Tratsch-Ebene" von Eltern-Ich zu Eltern-Ich hin und her gehen.

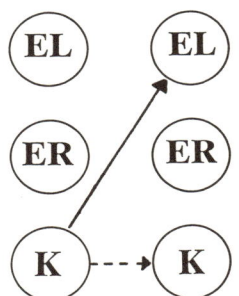

"Diesen servilen Mitarbeitern ist nicht zu trauen — verehrte gnädige Frau."

Symbolisch wird eine verdeckte Transaktion mit einer Linie so eingetragen, wie sich der Satz rein faktisch anhört. Also hier vom angepaßten Kind-Ich an ihr fürsorgliches Eltern-Ich.

Mit einer gestrichelten Linie wird die wahre Absicht zusätzlich eingetragen.

,,Es wird ja alles wieder gut, liebe Frau Hansen.
Im Duden wird ,,nämlich" auch mit ,,h" geschrieben!"

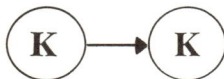

Symbolisch wird die obige Transaktion mit einer Linie dargestellt, die im Kind-Ich verläuft. Es ist der Versuch, die Umwelt auf Umwegen zu manipulieren.

Rhetorik

Wenn also schon reden, dann müssen die Worte sitzen, überzeugen, wirken, bewegen. Beispiel: ,,Schlagen Sie Ihren Hund
immer noch?'' Das sitzt! Kein ,,ja'' und kein ,,nein'' befreien
hier von der Schuld.

Wortgebilde wie ,,anundfürsich'' als sprachliche Onanie entlarven (an . . . und . . . für . . . sich), das ist kommunika-
tive Kunst — das ist Rhetorik! Das kann man üben. Jeden
Tag. Bei alltäglichen Gelegenheiten.

Hier ein paar Vorschläge:
,,Wie geht's?'' — ,,Ham' Se'n Moment Zeit, dann erklär ich's
Ihnen?''
,,Freut mich Sie kennenzulernen!'' — ,,Warum?''
,,Was macht eigentlich der Soundso?''

. . . wohlgemerkt, jetzt richtig reagieren, das ist weitab von
Tratsch, das ist Kommunikationskunst. Dafür gibt es
Rhetorik-Trainings, in denen man üben kann, mehr zu sagen, als man meint. Selbst Dinge auszudrücken, die es gar
nicht gibt, gehört zum Repertoire, wie z.B.: ein halbes Loch
(das gibt es zwar nicht, aber der Rhetoriker kann es aus-
drücken.)

Am Ende eines solchen Trainings ist Ihnen bewußt, was der
Unterschied ist zwischen einem ,,Flippschart'' und einem
,,Overhädprojektor'', Sie wissen einen Metaplan von einem
Essensplan zu unterscheiden, und Sie können eine Stegreif-
rede zu einem unbekannten Thema halten, als sei es nicht der
Rede wert.

„Ihre Rede war ja ausgezeichnet Herr Kollege —
wer hat Sie Ihnen geschrieben?"
„Freut mich, daß sie Ihnen gefallen hat — wer hat sie Ihnen erklärt?"

Rhetorische Fähigkeiten auszubauen lohnt sich für jede Führungskraft. Kennen wir nicht alle die Situation, wenn wir un-
verhofft auf einer Beerdigung eine Rede halten müssen? Oder
wie wir unvorbereitet eine Jubiläumslaudatio sprechen oder —
ganz einfach — der Geschäftsleitung unsere Ansichten darstellen sollen? Sind das nicht alltägliche Situationen, in denen rhetorische Fähigkeiten die Trainingsmühe allemal wert
sind?!

Echt sein!

„Das Geheimnis einer freien Rede ist:
Lässigkeit – abgebrühte Lässigkeit, meine Damen und Herren."

„Das muß heißen: Sch<u>wei</u>ß-Arbeit!"

Licht aus – Spott an!

„. . . und bis zur Mittagspause labert nun Herr Dr. Schmalzhaupt
über monologische Dialektik.“

„. . . und so möchte ich mich zum Schluß
herzlich für Ihre Aufmerksamkeit bedanken.‟

„Gehe lieber nach Hause und mache ein Netz,
als daß Du im Teich nach Fischen tauchst!"

Umgang mit der Zeit

Der Umgang mit der Zeit ist immer auch der Umgang mit sich selbst.

Machen wir die Probe aufs Exempel: Stellen Sie sich vor, Sie bekommen *eine Stunde* außer der Reihe geschenkt. Was würden Sie damit anfangen? Spazieren gehen, lesen, fernsehen, Sport treiben, zärtlich sein, meditieren, relaxen, arbeiten, essen, schreiben, telefonieren oder was?

Alles, was wir wollen und dann tun, ist völlig freiwillig! Es ist der Umgang mit uns selbst. **Stop!**

Deutlicher: Stellen Sie sich einmal vor, Sie würden ein Symbol zeichnen dafür, was Sie mit der geschenkten Stunde tun würden. **Lesepause!**

Haben Sie Ihr Symbol gezeichnet? Ok. Gratulation! Das war sehr wertvoller Umgang mit sich selbst.

Interpretieren Sie Ihr Ergebnis. Was würden Sie sagen, wenn das Ganze mehr als eine Übung ist − wenn diese Stunde real machbar ist? **Sie ist es!!!**

Sie erhalten hier und jetzt eine Telefonnummer, die Sie anrufen können: Sagen Sie, daß Sie gerade dieses Buch lesen und wissen wollen, wann Ihre geschenkte Sonderstunde beginnt! Dort erfahren Sie den Zeitpunkt für den Beginn dieses persönlichen Abenteuers. Und bitte! Machen Sie's dann auch!

Hier die Telefonnummer: **(O)1191**

. . . ist immer Umgang mit sich selbst

„Keine Sorge, Chef! − Ich hab' alles im Griff, Chef!"

Zeit mitnehmen?

Ohne Worte.

Hilfe – Trainer im Haus!

„Er weiß es besser! Er müßte eigentlich der bestbezahlte Verkäufer oder Chef im Land sein. Wieso ist er eigentlich Trainer? Verdienen die noch mehr? Den werde ich mal genauer beobachten! – Ich fall' auf seine Sprüche nicht rein. Was versteht der eigentlich von unserem Markt? Der hat doch noch nie auch nur einen Koaxialentronometer verkauft.

„Damit eine lockere, um nicht zu sagen, heitere Trainingsatmosphäre entsteht, verpassen wir erst einmal allen Teilnehmern für zwei, drei Stunden unseren bewährten Smiling-Spanner."

Zufällig hab' ich gesehen, was der für ein Auto fährt — Trainer müßte man sein! Der sollte erst mal die Geschäftsleitung trainieren. Der ist noch viel jünger als ich, was will der eigentlich? Na ja, ein Tag Urlaub im Hotel ist das auf jeden Fall."

(Gedanken eines Abteilungsleiters)

„Bravo, Herr Morchel — Sie haben den Ernst der Lage erkannt?"

Workshop

Der externe Trainer moderiert gedankliche Schöpfungsprozesse — mit kreativen Konferenzen, mit Brainstormings, mit Freewheelings, mit Visualisierungsprozessen, mit Experimenten und Spielen.

Warum können die Unternehmen das eigentlich nicht selbst — mit eigenen Trainern — tun? Weil der externe Trainer nicht „infiziert" ist. Ihm geht es gut, obwohl es dem Unternehmen schlecht geht (das sieht bei internen Trainern meistens anders aus!).

Im obenstehenden Beispiel wird eindrücklich die schonungslose Offenheit des Externen offenbar.

„Meinen Sie nicht, daß Ihre Personal-Trainingsmethoden etwas zu weit gehen?"

Training on the job

Training so pur wie das Leben – das heißt „on the job". Wenn Führungskräfte sich mit ihren Mitarbeitern herumschlagen müssen, dann ist „herumschlagen" nicht nur Praxis pur, sondern auch die einzig praxisnahe Trainingsmethode. Muß doch jeder Unternehmer einsehen?!

„. . .“

Paradigma-Wechsel

„Die Mitte zu finden, ist das Ziel aller Übung.“ So sagt ein Zen-Meister heute.

Stellen Sie sich vor, sie heben einmal richtig ab. Jeder weiß, aus täglicher Erfahrung im Berufsalltag, daß solche Mätzchen doch nur stören. Allerdings — wer sein Weltbild wirklich weiterentwickeln will, der sollte auch mal bereit sein „abzuheben“. Man muß es ja nicht so wörtlich nehmen wie der Herr oben.

„. . . und sag dem Trainer, er kann was erleben,
wenn ich ihn noch mal sehen sollte!"

Outdoor-Survival-Training

Wetten, daß . . . Sie noch niemals in Ihrem bisherigen Leben *allein unter freiem Himmel* einen Tag und eine Nacht verbracht haben!

Auf diese Wette würden die meisten Führungskräfte gar nicht erst eingehen. Dabei ist das die einfachste und zugleich schwierigste Übung, sich selbst zu erfahren.

Outdoor-Trainings machen das aus uns, was wir alle am liebsten wären: Helden! Sagen sie nicht: „Das bringt nichts!" – Probieren Sie es!

Cromo-Luxus

„. . . und so möchte ich Ihnen schon im voraus — quasi als kleinen Motivationsvorschuß auf das zu erarbeitende, wunderschöne Manager-Zertifikat — diese beiden Requisiten überreichen."

Coaching

Die individuellste Form des Trainings ist das Coaching. Aber Coaching ist weit mehr als Training. Während in Führungs- und Management-Trainings gruppendynamische Prozesse und der Trainerleitfaden den Verlauf des Seminars bestimmen, ist im Coaching allein die Person des „Couchees" Mittelpunkt der Arbeit.

Nun, was ist daran neu? Neu ist auf jeden Fall das Wort „Coaching" für diese Trainingsarbeit. So neu, daß es bis heute noch keine Bezeichnung für den, der gecoacht wird, gibt. Der Arzt betreut Patienten, der Jurist Mandanten, der Analytiker Probanden, der Sportcoach Athleten, der Steuerberater Klienten und der Pate im Unternehmen seine Trainees. Also erfinden wir ein neues Wort: der Coachee!

Coaching ist ganzheitlicher Trainingsansatz beim einzelnen. Es bedarf einer ausführlichen persönlichen Bestandsaufnahme des Coachees durch den Trainer. Sein soziales Umfeld, seine physische Befindlichkeit, seine Weltanschauung, seine Ziele, Wünsche, Tabus, Denkmuster, Angewohnheiten, Ängste, Maschen und private bis intime Themen sind das Gespinst, aus dem dieser Trainingsstoff gewoben wird.

Deshalb kann es beim Coaching keinen vorgefertigten Trainerleitfaden geben, und die Bandbreite der angewandten Trainingsmethoden ist nie ganz fest. Coaching kann mit psychologischen Ansätzen bis hin zu esoterischen Disziplinen arbeiten.

Coaching stellt den Coachee nicht ausschließlich in den Rahmen eines Seminarraumes. Wesentliche Teile der Arbeit finden ,,on the job'' statt oder begleiten den Coachee in den privaten Bereich.

Am Ende eines erfolgreichen Coachings muß der Coachee in den trainierten Disziplinen wesentlich besser sein als sein Coach: Oder können Sie sich einen Trainer vorstellen, der besser im Sport ist als seine Athleten?

Von der alten Couch zum neuen Coach

Persönlichkeits-*Ent*wicklung setzt natürlich eine persönliche *Ver*wicklung voraus.

Wer sich entfalten will, muß auch Falten haben. Das geht klassisch mit der Psychoanalyse. Das geht jobbegleitend mit neuen Wegen der Kurzzeit-Therapie. Therapie heißt übersetzt ,,den Dienst der Götter tun''. Erstaunlicherweise kennen viele Therapeuten diese Übersetzung nicht. Wüßten sie das, so würde sich keiner mehr zum ,,Guru'' aufschwingen wollen und sich in Superlativen am besten dargestellt sehen. Coaching und Training haben eines gemeinsam: sie bedeuten *dienen*.

Im Klartext: Der Coachee kann ein Held in seinem Bereich sein – der Coach niemals . . . Er ist Diener, Drillmeister, Vertrauter, Kritiker und Tankwart für den Sp(i)rit seines freiwilligen Führungsathleten.

Die Führungskraft auf dem Weg zur Autonomie

„. . . Nur damit Sie mein ‚physi-psychisches‘ Problem besser verstehen.“

Beispiele für Coaching-Dienste:

Das Ziel	Der Weg	Der Coachee
Entscheidungsfindung	Vom Zweifel zur *Ein*sicht	Die Führungskraft auf dem Weg zur Klarheit
Bewältigung einer Beziehungskrise	Alleinsein lernen, sich *Ent*-täuschen	Die Führungskraft auf dem Weg zur Autonomie

„Wie oft soll ich es Ihnen denn noch sagen –
es genügt, wenn Sie nur meine Fragen beantworten.''

Beispiele für Coaching-Dienste:

Das Ziel	Der Weg	Der Coachee
Übernahme einer größeren Aufgabe	Managementtechniken, Psychologische Denkmodelle	Die Führungskraft auf dem Weg nach oben
Outplacement, Vorbereitung auf einen Lebensabschnitt	Kreativitätspotential freisetzen	Die Führungskraft auf dem Weg nach außen

Exoterische und esoterische Denkmodelle

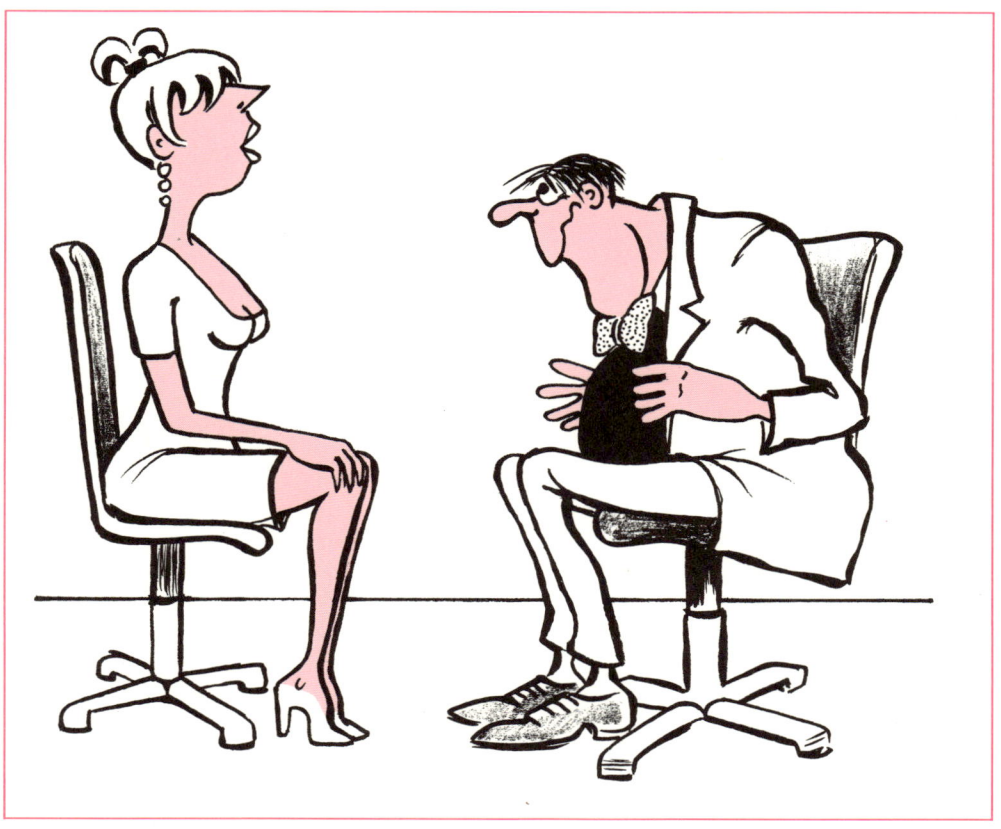

„Ich sag kein Wort mehr, wenn Sie mir weiterhin solche Fragen stellen."

Beispiele für Coaching-Dienste:

Das Ziel	Der Weg	Der Coachee
Die Sprache der Symptome	Krankheit als Weg zur persönlichen Reifung	Die Führungskraft auf dem Weg des Begreifens
Die Krise	Exoterische und esoterische Denkmodelle	Die Führungskraft auf dem Weg zur Öffnung

„. . . echt stark, so'n Coaching – total neues Outfit, ey!"

Beispiele für Coaching-Dienste:

Das Ziel	Der Weg	Der Coachee
Streßbewältigung, Umgang mit der Zeit	Entspannungs- und Mobilisierungstechniken	Die Führungskraft auf dem Weg
Über- oder Unter-forderung	Stärkung der persönlichen Ressourcen	Die Führungskraft auf dem Weg zur Energie

Coaching bedient sich, je nach Anforderung, aller Methoden, die Menschen sich zur Förderung des Individuums ausgedacht und erprobt haben.

Einen kleinen Ausschnitt konnten wir Ihnen hier vorstellen.

Nicht ganz ernst gemeintes Beispiel
eines Coaching-Gesprächs

Trainer: „Guten Morgen, Herr Dr. Looser.‟

Coachee: „Guten Morgen, o Du mein Coach.‟

Trainer: „Ich brauche von Ihnen die Erlaubnis, Sie unterbrechen zu dürfen, wenn's sein muß, auch oft.

Coachee: „Ja gut.‟

Trainer: „Wollen Sie die Erlaubnis eventuell zurücknehmen können?‟

Coachee: „Ja, also, vielleicht.‟

Trainer: „Gut, woran erkenne ich das?‟

Coachee: „Dann mache ich so!‟ (macht ein Zeichen)

Trainer: „Gut, merken Sie sich das, sonst machen wir weiter, klar?!‟

Coachee: (nickt kurz)

Trainer: „Setzen Sie sich gerade hin, schließen Sie die Augen! — Welche drei Ratschläge würden Sie einem Nachfolger an Ihrem jetzigen Arbeitsplatz mit auf den Weg geben?‟

Coachee: „Äh, ich würde sagen, lassen Sie sich nicht mit Über. . .‟

Trainer: „Stop! Sitzen Sie bitte gerade. Ein bißchen Disziplin!‟

Coachee: (setzt sich gerade hin)

Trainer: „Bitte.‟

Coachee: „Äh, also ich tät sagen, man muß konsequent, in der Über. . .‟

Trainer: „Stop! Sprechen Sie in der Ich-Form. Übernehmen Sie die Verantwortung für das, was Sie sagen!‟

Coachee: „Äh, ja, äh, also ich würde sagen, er sollte keine Über. . .‟

Trainer: „Herr Looser, Ihre Sprache!‟

Coachee: „Ja, Entschuldigung, also dann würde ich sagen: Machen Sie bloß keine Überstunden.‟

Trainer: „Ihre Asche!‟

Coachee: „Oh?!?‟ (benutzt den Ascher) „. . . also wo war ich? Ach ja, wenn Sie in acht Stunden nicht – äh – Dingens – dann können Sie das mit Überstunden auch nicht mehr wettmachen.‟

Trainer: „Was meinen Sie mit Dingens?‟

Coachee: „Dingens? Ach so, äh, Effektivität, nicht wahr?‟

Trainer: „Ok, weiter. Konzentrieren Sie sich!‟

Coachee: „Können wir mal stoppen?‟

Trainer: „Nein, Sie müssen das Zeichen machen.‟

Coachee: „Oh je, ich hab's vergessen. Was war das nochmal?‟

Trainer: (macht das Zeichen)

Coachee: (macht auch das Zeichen) „. . . ja, genau!‟

Trainer: „Also weiter, was ist Ihnen jetzt bewußt geworden?‟

Coachee: „Wem? Mir? Ach so, das Zeichen ist ganz wichtig! Können wir mal 'ne Pause machen?‟

Trainer: „Herr Looser, erkennen Sie Ihr Defizit?‟

Coachee: „Mein Defizit? Wieso? Ach so, ha ha, ich muß mir das wohl echt merken. Das ist wirklich gut.‟ (staunt – will was fragen)

Trainer: „Stop! Also was ist?‟

Coachee: „Kann ich Sie eigentlich auch unterbrechen?‟

Trainer: „Nein!‟

Coachee: „Schade.‟

Trainer: „Schreiben Sie jetzt bitte auf, was Ihnen durch unser Gespräch bewußt geworden ist.‟

Führungskräfte unter sich . . .

„Wie viele Mitarbeiter haben Sie denn?"

„Zwanzig. Und Sie?"

„Ja, das schwankt."

„Ach so – und jetzt?"

„Meinen Sie mit Buchhaltung oder ohne?"

„Nein, nein – schon mit!"

„Zum Wohl dann!"

„Ja, zum Wohl!"

„Aaaah!" (Beide)

„Also intern sind wir zu viert, aber wir sind halt für achthundert Händler zuständig. Ja ja."

„Und die haben ja durchschnittlich auch an die fünfzehn Mitarbeiter."

„Ja, auf jeden Fall!"

„Das wären ja – Moment – das wären ja tausendzweihundert!!"

„Wieso?"

„Ja – acht mal fünfzehn. Ach nee, hundertzwanzig, nicht?"

„Puuh, ganz schön. Und die wollen ja alle geführt sein, nicht?"

„Ich bin froh, daß ich den Gubendreier habe. Guter Mann."

„Ach so, Sie haben noch'n Vertreter . . ."

„Nein, nein – mein Assistent!"

„Ach so."

„Bitte noch zwei Malteser, Frollein! Sie trinken doch noch einen mit?"

„Normal ja nicht, aber . . . na gut."

„Eigentlich wollte ich mich ja heute zu Wort melden, aber ich hab's dann doch gelassen. Bringt ja nichts."

„Ich sach ja, alles Theorie."

„Im Vertrauen – wir haben was Großes vor."

„Wieso, was denn?"

„Interplanetare Geschäfte."

„Was, ich glaub', ich spinne. Frollein, noch zwei!"

„Zunächst planen wir eine Direkt-Mail-Aktion
und drei Auslieferungslager auf dem Saturn."

„Darf ich vorstellen, unsere neue Crew – für interplanetare Geschäfte."

Berührungskräfte

,,Touchiert!'' – ,,Nicht touchiert!'' – ,,Wohl touchiert!''

„Oh — entschuldigen Sie vielmals, Herr Kollege."

„Verdammt! Ich wette, das ist wieder diese miese Type von Werkstattleiter!"

„Ich will sofort den Betriebsrat sprechen!"

„AN-GE-NEHM---O-ME-GA,
LEI-TER DES RECH-EN-ZEN-TRUMS."

„Steht Ihnen echt gut, Herr Bezirksstellenleiter."

Frauen in Führungspositionen müssen besser sein als Männer –
(aber das ist gar nicht so schwer).

„Herr Kollege, Ihre Inkompetenz würden Sie besser durch Schweigen vermuten lassen, als sie mit Ihrem Geschwätz auch noch zu beweisen.‘‘

Die Kunst, zu „motipulieren"

Wenn A zu B sagt: „Tu das", dann könnte ein Beobachter auf den Gedanken kommen, A habe B manipuliert, wenn B es tut. Er könnte auch meinen, A habe B motiviert. Was stimmt nun? Wissen kann es natürlich nur B. Selbst A müßte raten, ob B meint, *manipuliert* oder *motiviert* worden zu sein.

In einem großen deutschen Unternehmen der Elektroindustrie konnten die Führungskräfte den Unterschied zwischen

„Herr Schimmelmann! Können Sie mir das mal erklären?!"

Motivation und Manipulation nicht mehr ausmachen, und man spricht dort heute von *Motipulation*.

Motipulieren ist die Kunst, jemanden glauben zu machen, er habe die Wahl gehabt, selbst zu entscheiden − ohne selbst zu merken, daß er sich zu meinem Vorteil so verhält, wie ich es erwarte. Zu kompliziert? Wer sagt denn, daß Führen leicht wäre!

Motipulation

„Es geht uns nur ums Fair-Play, Herr Schiri –
unser Torkeeper hat seine Kontaktlinsen verloren."

„Nein — Sie sprechen mit der rechten Hand
von Herrn Direktor Dr. Freiherr von Osterlohe."

Warum sagt eigentlich ein Vorstandsvorsitzender von seinem
Assistenten, er sei seine „rechte Hand"? Ist denn die linke
Hand dümmer als die andere! Natürlich nicht — nur, die
rechte Hand tut leichter und eher, was wir wollen.

Das ist reine Übungssache. Etwas Besonderes hat diese Übung
jedoch an sich. Der Chef trainiert seine „rechte Hand" selbst.
Wenn also die Linke mal nicht weiß, was die Rechte tut —
ist das mangelnde Übung.

Sich seiner Stärken bewußt sein

„Sie behaupten also, den Job mit links ausüben zu können."

„Und so freuen wir uns, Sie wieder gesund und munter begrüßen zu können.
Ihr Schreibtisch steht vorübergehend in der Registratur.“

„Hier steht: dynamische Führungskraft von solventem Unternehmen gesucht."

Motivation

Sprachlich genau genommen, ist es nicht möglich, einen anderen Menschen zu motivieren. Motivation ist ein Prozeß, der in einem Menschen selbst stattfindet. Führungskräfte können also, außer sich selbst, niemanden motivieren.

Wer dennoch eine motivierte Mannschaft erwartet, erleichtert es anderen durch sein eigenes Verhalten, sich zu motivieren. Ahnen Sie, was es dabei alles zu beachten gäbe?

„Es gibt Leute, die nur aus dem
Grund in jeder Suppe ein Haar finden, weil sie davor sitzen und so
lange den Kopf schütteln, bis eines
hineinfällt."

Friedrich Hebbel,
deutscher Dramatiker (1813 – 1863)

Diagnose der Begriffe

Arabeske (S. 8) Eigentlich eine Tanzfigur (laut Duden). Hier, im Zusammenhang mit dem *„Peter-Prinzip"*, Synonym für eine Veränderung der beruflichen Position. Jemand wird im Organigramm so eingestuft, daß er dort keinen Schaden mehr anrichten kann. Dafür eignen sich Aufgaben, deren Entscheidungsfolgen ohne Auswirkung auf das Unternehmen sind. (Bekannt als „Frühstücksdirektor"). Die „seitliche Arabeske" ist meistens für die Beteiligten günstiger als eine Aufhebung oder Abfindung. Die sinnvolle Form der Arabeske ist in japanischen Unternehmen der „Fensterplatz": altgediente Mitarbeiter werden dort ausschließlich für ihr Nach- oder Vordenken bezahlt.

Belief-System (S. 28) Im Neurolinguistischen Programmieren ist das die Summe der eigenen Vorstellungen. Wir sehen die Welt immer durch den Filter unserer Vorstellungen. Deswegen heißt es auch „Vor-stellungen". Denn unsere Gedanken sind der Realität vor-gestellt. Die Welt ist immer nur so, wie wir sie uns vor-stellen. Neue Wege in Training und Therapie arbeiten deshalb intensiv mit (oder bewußt gegen) unsere vorhandenen Vorstellungen. Oder haben Sie sich das anders vor-gestellt?

Biocomputer (S. 20) Unser Gehirn ist kein einheitliches Organ, sondern besteht aus drei völlig unterschiedlichen „Biocomputern." Wir sprechen von *Stammhirn, Zwischenhirn* und *Großhirn.* Die drei Biocomputer weisen Unterschiede im Entwicklungsalter, in der Programmierung und in der genetischen Struktur auf, die zusammen unser Sosein ergeben. Diese Erkenntnisse führten zur *Biostrukturanalyse* und zur

Erkenntnis der individuellen Unterschiede der Menschen in ihren genetischen Naturellanlagen. Es ist heute möglich, diese Unterschiede zu ermitteln, was zu einem bewußteren Umgang mit sich selbst und zu mehr Sensibilität im Eingehen auf andere führt. (Siehe auch: *Biostruktur*)

Biostruktur (S. 21)   Das Verhältnis und die Ausprägung der einzelnen drei Biocomputer zueinander ergeben individuell ein sehr unterschiedliches Bild der Gehirnstrukturen beim Menschen. Diese Biostruktur und deren Bedeutung werden unter Anleitung eines Trainers in Führungstrainings erarbeitet. Die *Biostruktur-Analyse* von Rolf W. Schirm stellt die persönliche Hirnstruktur als Kreissektoren in den Farben Grün, Rot und Blau dar und deutet die individuelle genetische Grundanlage für unser Verhalten — dargestellt durch die Ausprägung der drei Farben zu einander. (Vgl. die Abb. auf den Seiten 22 – 24.)

Decision-making by overdrive (S. 23)   Entscheidungsfindung in Hektik. Menschen mit ausgeprägter Zwischenhirndominanz (symbolisch: rot) neigen bei Entscheidungen zu der Reihenfolge: Feuer! Fertig! Zielen! Die Folge: Acht-Meter-Windkanal — und doch nur Hektik.

Dialektik (S. 47)   Erforschung der Wahrheit durch Aufweis und Überwindung von Widersprüchen. Oder: Die Kunst, durch Rede und Gegenrede zu überzeugen.

Direct-Mail-Aktion (S. 70)   In konzertierter Aktion eine große Zahl gleicher Briefe an Personen einer Zielgruppe versenden. Bei Rücklauf von mehr als drei Prozent spricht man bereits von einem „Mailing-Erfolg".

Feedback, positives (S. 6)   Jemandem in motivierender Form sagen, was er über sich noch nicht weiß. Z.B.: Seine Wirkung auf mich, was ich über ihn denke. Feedback kann auch heißen, ihm bei der eigenen Standortbestimmung helfen. Achtung, sehr schwierig! Dabei müssen bestimmte Regeln beachtet werden, um einen motivierenden Effekt zu erzielen.
Die wichtigsten Feedbackregeln:
– Feedback ist freiwillig
– nur Veränderbares ansprechen
– nur Beobachtbares ansprechen
– mehr fragen als behaupten
– in der „Ich"-Form reden
– konkrete Vereinbarungen treffen
– sich nicht rechtfertigen

Großhirndominanz (S. 22)   Wenn das Großhirn den größten Anteil an der persönlichen Biostruktur hat, so bedeutet das bestimmte persönliche Komfortzonen. Diese zu leben ist Echtheit. Aber, Achtung – Übertreibung wird Schwäche! Symbolisch wird die Großhirndominanz durch einen *blauen* Kreissektor auf der *Struktogrammscheibe* dargestellt.

Intuition (S. 24)   Das Wesen einer Person oder eines Zusammenhanges durch ahnendes Erfassen verstehen.

Koaxialentronometer (S. 54)   Spezialgerät, das bisher noch nicht erfunden wurde. Wir nehmen an, daß es der Welt besser ginge, wenn es ein solches gäbe.

Management by fascination (S. 23)   Entscheiden und Verändern aus Begeisterung. Deutliche Gefahr des vorschnellen Handelns! Eine besondere typische Neigung des mehr emotional gesteuerten Menschen (Rot-Naturell in der Biostruktur-Analyse).

Management by love (S. 74)   Entscheiden und Umsetzen der Entscheidung auf Basis einer guten inneren Grundhaltung. Die Transaktionsanalyse (TA) nennt das die „Ich bin ok — du bist ok"-Haltung. Leider ist diese innere Haltung die schwierigste!

Metaplan (S. 43)   Moderationsmethode, bei der mit Farb- und Formkarten auf Pinwänden strukturiert wird. *Metaplantrainings* für Moderatoren vermitteln die professionelle Anwendung.
Diese Methode ist sehr gut geeignet für Workshops, kreative Konferenzen, Brainstormings, Freewheelings, Entscheidungsfindungen, Gruppenarbeiten und andere schöpferische Prozesse.

Mißmanagement (S. 6)   Mis = mistake (engl.):
Fehler im Management. Nicht, wie manchmal irrtümlich angenommen, eine weibliche Führungskraft.

Motipulation (S. 79)   Führungskräfte eines deutschen Großkonzerns konnten den Unterschied zwischen Motivation und Manipulation in ihrem Unternehmen nicht ausmachen — man spricht dort seitdem von „Motipulation".

Motivation (S. 80)   Jemand will etwas von sich aus. Damit ist klar, daß man einen anderen Menschen nicht motivieren kann. Er kann es eben nur selbst tun. Man kann ihm bestenfalls Anstöße dazu geben.

NLP (S. 25)   Neurolinguistisches Programmieren. Von Bandler und Grinder (USA) entwickeltes Kommunikationsverständnis der menschlichen Beziehungen. Einige typische Begriffe daraus:

Ankern: Einen Gedanken in der Erinnerung festmachen. Oft wird dieser Gedanke an einen Impuls von außen gekoppelt (z.B. an ein Geräusch, ein Bild oder eine Tätigkeit). Die Werbung arbeitet vornehmlich mit Ankern. Probe: Woran denken Sie bei: „Nichts ist unmöglich"?

Leading: Führen im Gespräch, durch sensible Beachtung des Ausdrucks einer Person.

Nonverbale Sensibilisierung: Sich auf körpersprachliche Signale eines Gesprächspartners ganz intensiv einstellen (z.B. Augenbewegung, Hautfärbung, Lippen).

Pacing: Die Fähigkeit, sich parallel zum anderen zu verhalten (wie der „Pacecar" bei Autorennen).

Rapport: Eine bewußte, gute Beziehung zum anderen.

Reframing: Eine Ansicht in einen anderen gedanklichen Rahmen stellen. (Beispiel: Ich jammerte, weil ich keine Schuhe hatte — bis ich einen sah, der keine Beine hatte.)

Repräsentationssystem: Die Frequenz, auf der jemand gerade spricht (in Bildern, in Geräuschen, in Gefühlen — visuell, auditiv, kinästhetisch).

Ressourcen: Die Stärken, Neigungen, Talente, Fähigkeiten eines Menschen.

Outdoor-Survival-Training (S. 59) Trainingsprogramm in der freien Natur. Überleben lernen durch einen neuen Bezug zu den Elementen.

Paradigma (S. 58) Festes Denkmuster, z.B.: „Die Sonne ist Materie" oder: „Krank sein ist schlimm" oder: „Der Katalysator ist nützlich" . . .

Pathologie des Erfolges (S. 9) Die Angst vor dem eigenen Erfolg drückt sich oft durch Krankheit aus. Oder Krankheitsbilder werden hervorgerufen durch persönliche Erfolge. Krankheiten dieser Art sind z.B. Selbstüberschätzung, Arroganz, Streß, Zeitdruck, Bewegungsmangel, Einnahme von Psychopharmaka, Beziehungsprobleme.

Peter-Prinzip (S. 7) Jemand wird so lange befördert, bis er die Höhe seiner Inkompetenz erreicht hat. Von Laurence J. Peter und Raymond Hull in den 60er Jahren erstmals formuliert.

Prokura (S. 12)   Handlungsvollmacht des Kaufmanns nach gesetzlichem Umfang. Er kann „nein" und auch „ja" sagen. Prüfen Sie selbst – „nein" kann wirklich jeder im Unternehmen sagen.

Rambo-Effekt (S. 12)   „Rambo" ist eine Figur aus einem Film. Wenn Führungskräfte etwas unternehmen, um der zu sein, der sie gerne wären (ein Held), dann haben wir diesen Effekt.

Servil (S. 41)   Untertäniges Verhalten. Heutzutage aus der Mode gekommen (das Wort!).

Solvent (S. 85)   Zahlungsfähig. Solvent ist, wer dieses Buch ohne Kreditaufnahme kauft.

Stagnation (S. 17)   In der persönlichen Entwicklung stehenbleiben. „Du hast Dich überhaupt nicht verändert!" ist ein Symptom dafür.

Stammhirndominanz (S. 24)   Prägung des persönlichen Naturells durch überwiegenden Einfluß des Stammhirns. Symbolisch wird in der Biostruktur-Analyse die Stammhirndominanz durch ein grünes Kreissegment auf der „Struktogrammscheibe" dargestellt. Intuition, Fingerspitzengefühl und Interesse am Menschen sind besondere Merkmale dieses Naturells.

Status quo (S. 16)   Für den gegenwärtigen Zustand sein, nichts verändern wollen. Bewahren statt verändern.

Superkompetenz (S. 8)   Fähiger als die Organisation sein, in die jemand eingebunden ist – und deshalb nicht mehr tragbar. (Sehen Sie dazu auch: *Peter-Prinzip*.)

Transaktionsanalyse (S. 36)   Die Transaktionsanalyse (TA) ist ein Modell der zwischenmenschlichen Beziehungen. Der Tiefenpsychologe Eric Berne (USA) hat ein praktikables Denkmodell entwickelt, um zu verstehen, „wie" etwas gesagt wird. Führungskräfte trainieren mit TA ihre persönlichen Fähigkeiten, im Umgang mit sich und anderen. Einige Begriffe aus der TA, die in diesem Buch vorkommen:

Eltern-Ich: Der fürsorgliche oder kritische Teil in uns. Hier sind Regeln, Normen, Gebote gespeichert, nach denen wir uns verhalten.

Erwachsenen-Ich: Der denkende, abwägende, vergleichende Teil in uns, unser Verstand. Das Erwachsenen-Ich ist der Bereich unserer beruflichen Tätigkeit. Komischerweise ist es aber oft der kleinste Anteil in unserem Verhalten.

Kind-Ich: Unser gefühltes Lebenskonzept. Spontaneität, freies Reagieren, aber auch Trotz sind Merkmale in diesem Teil der Persönlichkeit.

Training on the job (S. 57)   Eine Tätigkeit wird erlernt, indem man sie ausübt. Echtes Praxistraining, weil es in Zusammenhang mit den beruflichen Aufgaben steht.

Zen (S. 58)   Zen ist eine japanische Geisteshaltung innerhalb des Buddhismus. Die rechte Entscheidung aus der Mitte des ruhigen Geistes zu finden, ist das Ziel aller Übung.
Die sitzende Meditation ist die wesentliche Form der Übung. Zen im Managementtraining beeinflußt zunehmend unser westliches Denken. Wollen Sie mehr wissen über *Zen*, dann *set-Zen* Sie sich 20 Minuten bewegungslos hin, und überlassen Sie Ihrem Geist das Kommando ganz. Im Klartext: Ihr Körper hat dann nichts zu melden!

Literaturhinweise

Sollten Sie Lust bekommen haben, sich mit der einen oder anderen hier vorgestellten Trainingsmethode näher zu beschäftigen oder tiefer in die Management-Literatur einzusteigen, empfehlen wir Ihnen folgende Bücher:

Hans Ch. Altmann, Positives Denken, FAZ

Richard Bach, Die Möwe Jonathan, Ullstein

Vera F. Birkenbihl, Rhetorik-Training, mvg-Verlag

Vera F. Birkenbihl, Kommunikation für Könner schnell trainiert, mvg

Kenneth Blanchard/Spencer Johnson, Der Minuten Manager, Rowohlt

Thorwald Dethlefsen, Krankheit als Weg, Bertelsmann

J. Diamond, Der Körper lügt nicht, VNK

John C. Eccles, Das Geheimnis des Menschen, Piper

Jürgen Gündel, Transaktionsanalyse, pal

E. Hauser, Selbstentwicklung, verlag moderne industrie

John Hormann/Johannes Heinrichs, Wörterbuch des Wandels, mvg

Muriel James, Mitarbeiter besser führen, mvg-Verlag

Erwin Lausch, Der Griff nach dem Gehirn, rororo

Rupert Lay, Führen durch das Wort, rororo

Thomas Learly, Zen in der Kunst der Menschenführung, O.W. Barth

Lindemann, Überleben im Streß, Bertelsmann

Pestalozzi, Nach uns die Zukunft, Kösel

Peter/Hull, Das Peter-Prinzip, rororo

Thomas J. Peters/Robert H. Waterman, Auf der Suche nach Spitzenleistungen, mvg-Verlag

Rautenberg/Rogoll, Werde, der du werden kannst, Herder

Richard M. Restak, Geist, Gehirn und Psyche, Umschau-Verlag

Richard M. Restak, Geheimnisse des menschlichen Gehirns, mvg-Verlag

Horst Rückle, Körpersprache für Manager, verlag moderne industrie

Schirm/Schoemen, Führungserfolg durch Lebensenergie in der Musik, Bruno Martin

Frederic Vester, Phänomen Streß, dtv

Peter Zürn, Japan zwischen Yen und Zen, verlag moderne industrie